AF602870

UNE MATINÉE
D'AUTREFOIS,
OU
LE QUIPROQUO,

COMÉDIE EN UN ACTE MÊLÉE DE COUPLETS,

PAR MM. DU MERSAN ET MERLE;

Représentée, pour la première fois à Paris, sur le théâtre des Variétés, le 2 Décembre 1811.

Prix, 1 *fr.* 25 *cent.*

A PARIS,

Chez M.me MASSON, Libraire, Editeur de Musique et de Pièces de Théâtre, rue de l'Echelle, n.° 10, au coin de celle S. Honoré,

IMPRIMERIE DE J. B. SAJOU, RUE DE LA HARPE, n.° 11.

1811.

PERSONNAGES.

M. ROBIN, procureur.	M. *Dubois.*
M.me ROBIN, sa femme.	M.lle *Pauline.*
L'abbé COQUET.	M. *Brunet.*
GRIFFONET, clerc de M. Robin.	M. *Vernet.*
BROCHURE, colporteur.	M. *Lefèvre.*
MADELON, cuisinière de M. Robin.	M.lle *Virginie.*
La cousine RINQUART.	M.me *Vautrin.*
SCHOLASTIQUE, sa fille.	M.lle *Hugot.*
LACHEVROTIÈRE.	M. *Odry.*
M.me LACHEVROTIÈRE.	M.lle *Metoyer.*

La Scène se passe chez M. Robin, au Marais, en 1780. — Le théâtre représente un salon. A droite et à gauche, deux portes ; sur le devant, une table garnie de cartons et de papiers.

UNE MATINÉE D'AUTREFOIS, OU LE QUIPROQUO.

SCÈNE PREMIÈRE.

MADELON, BROCHURE.

(*On sonne en dehors*).

MADELON *traversant le théâtre.*

On y va.

(*Elle ouvre la porte*).

BROCHURE *entrant.*

M. le Commissaire est-il levé, Mademoiselle ?

MADELON.

Je ne crois pas, Monsieur. — Qu'y a-t-il pour votre service ?

BROCHURE.

Vous ne me connaissez pas encore, ma chère enfant; c'est que vous êtes nouvelle dans la maison.

MADELON.

Oui, Monsieur; je suis arrivée d'hier de Bagnolet, qu'est mon pays, pour entrer au service de M. Robin et de Madame Robin, son épouse, qu'est née native d'auprès d' cheux nous.

BROCHURE.

Eh! eh! eh! elle est toute drolette, cette petite. Vous vous nommez...

MADELON.

Madelon, pour vous servir, Monsieur.

BROCHURE.

Eh bien, Mademoiselle Madelon, je suis M. Brochure, libraire ambulant, autrement dit, colporteur; et je viens selon ma coutume, apporter à M. Robin des brochures nouvelles, et lui raconter les anecdoctes du quartier, pour le divertir à son lever.

MADELON.

Il n'est pas levé, Monsieur.

BROCHURE.

Je vais l'attendre. Et son petit clerc, M. Griffonet, est-ce qu'il n'est pas levé, non plus.

MADELON.

Non, parce qu'il s'est couché bien tard. Après le soupé, il a voulu absolument faire avec moi une partie de main chaude.

BROCHURE.

A vous deux.

MADELON.

Il devinait toujours qui est-ce qui tapait.

BROCHURE.

Et M. Robin, jouait-il aussi à la main chaude avec Madame?

MADELON.

Ah je ne sais pas; il s'est couché tout de suite après le soupé.

BROCHURE.

Depuis six mois qu'il est marié, il se couche de bonne heure et se lève tard! Ce n'est pas l'embarras, Madame Robin est charmante.

MADELON.

Oh! de ça, oui, qu'alle est ben gentille...

BROCHURE.

Je dis qu'elle est charmante; et cependant, moi qui viens ici presque tous les jours, à peine ai-je pu l'apercevoir. M. Robin en est si jaloux, si jaloux, qu'il a peur même de l'ombre d'un chapeau... Ah! ce que c'est qu'un vieux mari qui épouse une jeune femme! Morbleu, Mademoiselle Madelon, n'épousez jamais qu'un bon vivant comme moi.

(*Il veut l'embrasser*).

SCÈNE II.

Les Mêmes, GRIFFONET, *en redingote du matin, et en papillotes.*

GRIFFONET.

Eh ben, eh ben, qu'est-ce que je vois?

MADELON.

Laissez-moi donc, Monsieur.

GRIFFONET.

Faites-vous donc lâcher, Mademoiselle.

MADELON.

Dame, je ne peux pas..... Ah! M. Brochure, finissez donc.

GRIFFONET.

Finissez, Monsieur. *Te puellam relinquere jubeo.*

BROCHURE.

Allons, il va encore nous parler latin.

(*Il embrasse Madelon*).

GRIFFONET.

Air : *On se chagrine trop vîte.*

Eh! mais je crois qu'il l'embrasse.
O perfidi homines!
Apprenez que par ma place,
Ego protego mores.
Des lois et de la morale,
Hic ostendis contemptus.
Et vous faites du scandale,
In domo magistratus.

MADELON.

Oh! qu'il est savant, que c'est beau ce qu'il dit; je n'y comprends rien.

BROCHURE.

Allons, allons, M. le clerc, vous ne disiez pas cela hier soir, en jouant à la main chaude.

GRIFFONET.

Madelon, allez à votre cuisine, ce n'est pas ici votre place.

BROCHURE.

Ah ça, petit, point tant de paroles, ou bien je...

GRIFFONET.

Vous croyez qu'on n'est pas brave, parce que l'on n'a pas encore de barbe! Non, c'est le chat.

BROCHURE.

Je vais vous expédier sur les oreilles une copie conforme avec paraphe.

MADELON.

Eh! Messieurs, vous allez réveiller M. Robin. Tenez, le voilà qui sort de sa chambre à coucher. Il va me gronder, je me sauve.

SCÈNE III.

ROBIN, BROCHURE, GRIFFONET.

ROBIN.

Eh bien, eh bien, Messieurs, qu'est-ce que c'est que cela?

Air : *Vaudeville des six Pantouffles.*

Quel sabat à mon oreille,
Et d'où vient un pareil train?
Se peut-il que l'on réveille
Un procureur si matin.
Je croyais en conscience,
A ces cris, à ce fracas,
Que j'étais à l'audience,
Tout entouré d'avocats.

GRIFFONET.

M. le commissaire, c'est lui qui a tort.

BROCHURE.

C'est lui, M. le commissaire.

ROBIN.

Et quand ce serait lui, M. Brochure, vous devez céder.

GRIFFONET.

Certainement, d'après cet axiôme de droit, écrit par Cicéron dans le Code Justinien. *Cedant arma togœ.*

BROCHURE.

Ah dame, je ne sais pas le latin, moi.

ROBIN.

Vous n'y êtes pas obligé, mon ami; un libraire n'est pas obligé de savoir le latin. Mais nous, nous devons le savoir. *Cedant arma togœ.* Que les armes cèdent à la *toque.* La toque est l'attribut du juge, de l'avocat, du procureur, et par contre-coup de son clerc. Mais que ce débat finisse. Qu'y a-t-il de nouveau, ce matin? M'apportez-vous quelque brochure à la mode, des vers, de la prose; n'avez-vous pas quelque historiette bouffonne, dont je puisse régaler Madame Robin? (*Griffonet va s'asseoir à son bureau, et travaille*).

BROCHURE.

On m'a raconté que cette nuit le Guet, en passant dans la rue de la Perle, a vu descendre par la fenêtre un homme bien vêtu, qu'il a pris pour un voleur. Il a assuré qu'il était un honnête habitant de la Chaussée d'Antin, et qu'il descendait par la fenêtre de chez une Dame, parce qu'il ne voulait pas scandaliser la portière, qui ne tire plus le cordon passé neuf heures.

ROBIN.

Rue de la Perle; au fait, cela se peut. Est-ce tout ce que vous savez de neuf?

BROCHURE.

Ah! mon Dieu oui; mais que voulez-vous.

Air : *N'y a que Paris.*

Dans cette ville jour et nuit
C'est sur ma foi la même chose.
Là du silence, ici du bruit;
L'un s'agite, l'autre repose,
L'un chante, l'autre fait des cris,
Voilà Paris. (*bis*).

Des musards, des épicuriens,
Des dupes, d'honnêtes friponnes,
Des cabriolets et des chiens,
Des petits enfans et des bonnes,
Des bêtes et des beaux esprits,
Voilà Paris. (*bis*).

ROBIN.

Il ne s'agit pas de cela; j'ai une affaire bien plus importante dans la tête. Vous qui êtes au courant, connaissez-vous l'abbé Coquet?

BROCHURE.

J'en ai entendu parler; il est depuis quelques jours le sujet de toutes les conversations de Paris. C'est une petite brochure dans ce genre-là.

(*Il sort une brochure de sa poche*).

ROBIN.

Il se moque entre autres, m'a-t-on dit, du marquis de Barjolac, mon client, qui est furieux, et qui veut en obtenir justice. Il m'a chargé des poursuites; en conséquence, il faut me procurer ce pamphlet à quelque prix que ce soit.

GRIFFONET *à son bureau.*

Comment, ce pamphlet?

ROBIN.

Oui, Monsieur, ce pamphlet. Mais de quoi vous mêlez-vous? ça ne vous regarde pas. Je veux, mon cher Brochure, qu'il devienne un témoin irrécusable de la malignité des adversaires du Marquis.

BROCHURE.

Soyez tranquille, l'abbé Coquet sera chez vous aujourd'hui.

ROBIN.

Allez, mon ami, j'ai le plus grand intérêt à le connaître. On m'a dit qu'on le trouvait difficilement; mais vous êtes adroit.

BROCHURE.

Reposez-vous sur moi, vous serez content.

(*Il sort*).

SCÈNE IV.

ROBIN, GRIFFONET.

GRIFFONET *se levant.*

C'est ça, c'est ça; chargez M. Brochure de toutes les enquêtes qu'il y a à faire dans l'étude, et moi, je suis ici compté pour rien.

ROBIN.

Mais, Griffonet, mon ami, vous divaguez. Comment voulez-vous que je vous charge de me trouver un pamphlet?

GRIFFONET.

Si ce pamphlet sert de témoin, n'est-il pas de mon ressort?

ROBIN.

Vous ne savez pas ce que c'est qu'un pamphlet? Ce garçon me fait tous les jours de nouvelles âneries. Il sait le latin, et il ne sait pas le français.

GRIFFONET.

Je ne sais pas le français! Ne dirait-on pas que je suis une bête? C'est l'abbé Coquet qui s'appelle un pamphlet. Un pamphlet, c'est...

ROBIN.

Allons, allons, taisez-vous, nigaud. Mais, que vois-je, vous êtes encore en chenille; allez donc, Monsieur, allez faire un bout de toilette, ôter vos papillotes. Est-ce là une mise décente pour être dans une étude. S'il venait quelqu'un ici, auriez-vous un air assez imposant, dans ce négligé mesquin. Il faut de la dignité dans notre état.

Air : *Vaudeville du pont des Arts.*

Prenez un ton d'importance,
Quittez ces airs hébétés;
Songez donc qu'en mon absence,
Vous seul me représentez.

GRIFFONET.

A vous plaire je m'apprête,
Pourquoi donc me mal mener?

ROBIN.

Allez à votre toilette.

GRIFFONET *à part.*

Avant, je vais déjeûner.

Ensemble.

ROBIN.

Prenez un ton d'importance, etc.

GRIFFONET.

N'ai-je pas l'air d'importance
Pour me faire respecter;
De toutes façons je pense
Je puis le représenter.

(*Il sort*).

SCÈNE V.

ROBIN.

Quelle charge que la mienne. Je n'en ai jamais si bien senti les désagrémens que depuis mon mariage. Je suis d'une inquiétude toutes les fois que je m'absente. Je crains toujours que quelque galant ne s'introduise auprès de ma femme. Mais sa vertu doit me rassurer. Ma pauvre petite Annette! Elle n'a jamais eu pour société que son grand-père et moi.

Air *d'Annette et Lubin.*

Je l'épousai dans son printemps;
Elle venait d'avoir seize ans.
Depuis six mois que j'ai sa main,
J'en perds la tête;
Et pour Annette
Je suis Lubin.

La voici, la pauvre petite!

SCÈNE VI.

M. et Madame Robin.

M.me Robin *en déshabillé.*

Bonjour, Monsieur.

Robin.

Bonjour, mon petit cœur. Te voilà donc réveillée. Je n'avais pas voulu troubler ton repos.

M.me Robin.

C'est une obligation que je vous ai tous les jours.

Robin.

N'est-ce pas que je suis bien attentif. Et comment cela va-t-il, ce matin; tu es d'une fraîcheur!

M.me Robin.

Air : *Je crains de lui parler la nuit.*

J'ai bien dormi toute la nuit,
Sans entendre le moindre bruit.
J'étais beaucoup moins sage
Avant mon mariage;
La peur m'ouvrait les yeux;
Mais depuis que nous sommes deux,
Vraiment je dors bien mieux.

Robin.

Ce sera toujours de même, ma bonne. Ah ça, je suis forcé de te quitter, ce matin.

M.me Robin.

Encore! Ah mon Dieu, Monsieur, vous me laissez toujours seule.

Robin.

Que veux-tu, mon enfant, c'est le devoir de ma charge.

Mme ROBIN.

Vous me refusez toute espèce de société.

ROBIN.

Petite espiègle! Tu as toute ma bibliothéque à ta disposition.

M.me ROBIN.

Il n'y a que des livres de jurisprudence.

ROBIN.

Bah! est-ce qu'il n'y a pas la Bibliothéque Bleue, Pierre de Provence, les quatre fils Aimon...

M.me ROBIN.

Je les ai lus et relus. Je veux du nouveau.

ROBIN.

Eh bien, je t'en donnerai!

M.me ROBIN.

Air *du Pélerin, de Darondeau.*

Que le goût vous serve de guide.

ROBIN.

Je ne prends de guide que toi.

M.me ROBIN.

Je veux voir le temple de Gnide.

ROBIN.

Tu ne le verras pas sans moi.

M.me ROBIN.

L'art d'aimer doit charmer les dames.

ROBIN.

Fi donc! ce sont de vains discours.

M.me ROBIN.

Eh bien, le mérite des femmes.

ROBIN.

Ici, je le vois tous les jours.

Ah parbleu, j'y pense! Tiens, mignonne, je vais donner ordre qu'aussitôt qu'on aura trouvé cet abbé Coquet, on le mette dans ton appartement, pour te distraire jusqu'à mon retour.

M.me Robin.

Comment, Monsieur, vous permettez...

Robin.

Oui, oui. D'après la lettre de M. le marquis de Barjolac, il n'est point licentieux, il n'est que satyrique; ainsi je permets que tu le voyes. On assure qu'il est fort amusant. Tu m'en rendras compte, ça me divertira à dîner.

M.me Robin.

Comme il vous plaira.

Robin.

Tout ce qu'il y aura de piquant et d'aimable, sera dorénavant tous les matins à ta toilette.

M.me Robin.

Vous vous ferez aimer par de semblables procédés.

Robin.

Oh! s'il ne faut que cela pour te plaire!

Mme Robin.

Mon Dieu, les femmes ne sont pas si exigeantes. Allons, Monsieur, je passe dans mon appartement.

Robin.

Adieu, ma poulette... Eh bien, et ta petite rente! (*il l'embrasse*) — Qu'il faut peu de chose pour contenter une femme; la permission de lire ce pamphlet, la rend plus contente! Hola! Griffonet.

SCÈNE VII.

Robin, Griffonet.

Griffonet *mordant dans un morceau de pain.*

Qui m'appelle.

ROBIN.

Comment, Monsieur, vous n'êtes pas encore habillé.

GRIFFONET.

Dame, je déjeûne.

ROBIN.

Je sors. Il faut que j'aille lever les scellés chez cet honnête marchand qui a décampé, et qui n'a laissé à ses créanciers que les quatre murs.

GRIFFONET.

Il n'a laissé que les quatre murs! et sur quoi a-t-on mis les scellés.

ROBIN.

Sur les portes. Ah ça, écoutez-moi bien. (*il appelle*) Madelon, apportez ma perruque — (*à Griffonet*) Si on trouve l'abbé Coquet. — (*à la Cantonade*) Mettez y un œil de poudre. — (*à Griffonet*) Vous le placerez dans l'appartement de ma femme. — (*à la Cantonade*) Et ma grande robe. — (*à Griffonet*) Je permets qu'elle s'en occupe jusqu'à mon retour.

(*Il sort*).

SCÈNE VIII.

GRIFFONET.

Eh bien, donnez-vous donc de la peine pour devenir premier clerc dans une étude, pour voir un premier venu vous enlever vos attributions; il convient bien à M. Brochure de venir se mêler des détails de la pratique.... Allons, allons, prouvons à M. Robin que je ne suis pas si bête qu'il le croit, et tâchons de lui trouver cet abbé Coquet. Mais, à propos d'abbé, en voici un.

SCÈNE IX.

L'ABBÉ, GRIFFONET.

L'ABBÉ.

Hola, hé, quelqu'un. M. le procureur est-il ici?

GRIFFONET.

Non, Monsieur; mais c'est égal.

L'ABBÉ.

Comment, c'est égal!

GRIFFONET.

Oui. Je le représente; c'est moi qui suis son clerc.

L'ABBÉ.

A cette tournure, à ce négligé, je ne m'en serais pas douté. Il est midi,

« Et je vous trouve ici dans le simple appareil
« D'un pauvre clerc qu'on vient d'arracher au sommeil. »

GRIFFONET.

C'est bon, Monsieur. Que demandez-vous?

L'ABBÉ.

Justice, mon cher. Je viens me plaindre d'un attentat. Voici mes griefs : J'avais conduit hier deux dames chez Nicollet. Deux femmes charmantes. Après avoir bâillé deux petites heures, je veux les reconduire. Elles n'avaient pas leur voiture, je fais appeler un fiacre. Il pleuvait. Il n'y en avait plus qu'un seul Comme j'allais y placer ces dames, un mousquetaire, que je connais, par parenthèse, s'empare de la portière, fait monter une femme qu'il avait sous le bras, et me laisse sur le boulevart avec mes belles désolées. Heureusement qu'il a passé une brouette; elles s'y sont accommodées comme elles ont pu; et moi, je suis revenu à pied, traversé, éclaboussé, abymé. Je viens vous demander vengeance.

GRIFFONET.

Du mousquetaire, ou du cocher?

L'ABBÉ.

De l'un et de l'autre. M. Robin passe pour le meilleur procureur que la Normandie ait fourni au Châtelet, et je veux qu'il intente un procès à M. le mousquetaire, pour lui apprendre à respecter des gens comme moi.

GRIFFONET.

Volontiers, Monsieur. Votre nom, s'il vous plaît.

L'ABBÉ.

L'abbé Coquet.

GRIFFONET.

L'abbé...

L'ABBÉ.

Coquet!

GRIFFONET *à part.*

Oh quel bonheur, il vient de lui-même se prendre dans nos filets.

L'ABBÉ.

Eh bien, qu'avez-vous donc, mon ami; mon nom vous étonne?

GRIFFONET.

Malpeste, M. l'Abbé, je suis bien aise de vous voir.

L'ABBÉ.

Comment?

GRIFFONET.

M. Robin m'a bien recommandé de vous garder ici.

L'ABBÉ.

Est-ce qu'il savait que je devais y venir?

GRIFFONET.

Non, mais il vous faisait chercher partout.

L'ABBÉ.

Pas possible?

GRIFFONET.

Vous avez calomnié un de ses clients, le marquis de Barjolac.

L'ABBÉ.

Que parlez-vous de calomnier?

GRIFFONET.

Il faut que vous serviez au procès.

L'ABBÉ.

Ecoutez donc, mon ami...

GRIFFONET.

Non, Monsieur; mais je vous arrête ici.

L'ABBÉ.

Plaît-il?

GRIFFONET.

Je vous arrête comme témoin; je vais vous donner une assignation.

L'ABBÉ.

C'est une plaisanterie.

GRIFFONET.

Non, Monsieur; la justice ne plaisante jamais.

L'ABBÉ.

Eh à quel propos?

GRIFFONET.

Ah vous êtes un satyrique!

L'ABBÉ.

Moi, satyrique.

GRIFFONET.

Un pamphlet.

L'ABBÉ.

Point d'injures.

GRIFFONET.

Et vous, point de résistance; nous avons ici du monde. (*il ouvre une porte*) Madelon, fermez la porte, que M. l'Abbé ne sorte pas.

L'ABBÉ.

Mais c'est une horreur, un rapt; où est le commissaire, je vais lui parler.

GRIFFONET.

Il n'y est pas; il est allé au Palais.

L'ABBÉ.

Ah! parbleu, je vous apprendrai à connaître votre monde! Nous verrons, si c'est un homme comme moi que l'on retient de force.

GRIFFONET.

Ne vous plaignez pas. M. Robin a permis qu'en son absence, Madame Robin vous tînt compagnie. C'est un honneur qu'il ne fait à personne... Je vais la prévenir que vous êtes là.

L'ABBÉ *seul.*

Madame Robin? la femme du procureur. Belle société, pour un homme qui brille dans celle des marquises et des duchesses... Madame Robin, c'est quelque vieille caricature bourgeoise.

SCÈNE X.

L'ABBÉ, GRIFFONET, M.me ROBIN.

GRIFFONET.

Voici Madame.

L'ABBÉ *à part.*

Oh! elle me fera rire.... Voyons cette tête burlesque. *(il lorgne)* Ciel! que vois-je? mais c'est l'Amour! Elle est ravissante, d'honneur!.. Se peut-il?

M.me ROBIN.

Qu'avez-vous donc, M. l'Abbé? D'où naît votre étonnement.

L'ABBÉ.

Quoi, Madame, vous êtes la femme de M. Robin?

M.me ROBIN.

Oui, Monsieur.

L'ABBÉ.

J'aurais mauvaise grâce maintenant à me plaindre de mon arestation.

Air : *L'un est le fils du sentiment.*

Vraiment je ne me doutais pas,
Quand du clerc je suivais les traces,
Qu'un lieu formé pour les débats,
Dût être le boudoir des Grâces.
J'ai, dans ce hasard singulier,
Bien plus de plaisirs que de peines;
Il est doux d'être prisonnier,
Lorsque c'est pour porter vos chaînes.

M.me ROBIN *à part.*

Il est galant, cet Abbé.

GRIFFONET.

Vous ne m'en voulez déja plus tant, de vous avoir retenu ici.

L'ABBÉ.

Non, petit clerc, non; vous êtes un fort joli garçon, et j'attendrai volontiers M. le Procureur jusqu'à ce soir. (*Griffonet sort*) Mais pardon, belle Dame, si j'en use librement avec vous. Votre figure céleste inspire la confiance... Je suis à jeun, et puis qu'on me retient ici, je vous demanderais...

Mme ROBIN.

On va m'apporter mon chocolat, M. l'Abbé; si vous voulez le partager... Mais, peut-être déjeûnez-vous à la fourchette.

L'ABBÉ.

Non. Oh Dieu! à la fourchette! que dites-vous?

Air *de la nature.*

Les mets trop lourds sont malfaisans;
Je suis délicat à l'extrême;
De mon médecin le système,
Me condamne aux adoucissans.
Un rien me rend tout blême,
Pour garder mon éclat,
Et mon vif incarnat,
Je prends le chocolat
A la crème.

C'est que réellement j'ai les nerfs comme des cheveux.

SCÈNE XI.

Les Mêmes, MADELON, *apportant le chocolat.*

Mme ROBIN.

Donnez une tasse à M. l'Abbé, et préparez-vous à faire ma toilette.

L'ABBÉ.

Mais, voyez donc, moi qui me plaignais de mon sort!

Mme ROBIN.

Je suis réellement honteuse de vous recevoir faite comme je suis. J'attends des visites, vous allez me permettre...

L'ABBÉ.

Comment, permettre? Je veux moi-même présider à votre toilette, et vous donner des leçons de goût. Je suis professeur en cette matière, et ce matin, vingt beautés vont soupirer de mon absence. Je devais aller chez la marquise de Trotillac, lui voir essayer un nouveau pouf; et j'avais promis à la petite présidente de Folinville, de porter un jugement en dernier ressort sur son chapeau à la Bibi. Je vous en fais le sacrifice.

Mme Robin.

Je n'ai pas assez de mérite pour vous faire oublier des personnes de cette importance.

L'Abbé.

Air : *En deux moitiés, dit-on, l'Amour.*

Ah! c'est à tort qu'en ce moment
Leur qualité vous inquiette;
Pour charmer, Vénus bien souvent
Emprunte un minois de Grisette.
Je préfère à la dignité,
De l'esprit, de la gentillesse;
Et la jeunesse, et la beauté,
Voilà vos titres de noblesse.

Mme Robin *à part.*

Il est fort aimable, cet Abbé.

L'Abbé.

A quoi passez-vous le temps, belle Dame. Voyez-vous ici beaucoup de monde. Je veux être de votre société. Vous faites la partie tous les soirs, sans doute.

Mme Robin.

Oh! mon Dieu non, M. l'Abbé. Cette maison est d'une tristesse!.. Vous êtes la première figure humaine à qui mon mari m'ait permis de parler depuis 6 mois que nous sommes mariés; et cela m'étonne bien. Il faut qu'il ait grande confiance en vous.

L'Abbé.

Je ne le connais pas.

Mme Robin.

J'ai été bien surprise ce matin, quand il a dit que l'on vous mît dans mon appartement pour me distraire jusqu'à son retour.

L'ABBÉ.

Pour vous distraire? mais c'est charmant! C'est une aventure, un roman!

M.me ROBIN.

Comme c'est aujourd'hui la fête de M. Robin, tous ses parens doivent venir ce matin pour la lui souhaiter.

L'ABBÉ.

Comment donc, mais je veux voir ses parens, les cousines, toutes les voisines. Ah! c'est aujourd'hui sa fête. Parbleu, il faut que je lui fasse quelques couplets; car je suis poète, tel que vous me voyez. Oui, je courtise les Muses, et je n'ai pas affaire à des ingrates.

M.me ROBIN.

Ah vous êtes poète!

L'ABBÉ.

De naissance. Et musicien, sans avoir jamais appris une note. Je fais de petits airs fort jolis, des romances à fendre le cœur... Etes-vous musicienne?

M.me ROBIN.

Moi, j'ai appris la musique.

L'ABBÉ.

Si vous aviez là une guittare, je vous montrerais une petite romance que je devais ce matin présenter à la marquise de Trottillac, et dont je vous offrirais les prémices.

M.me ROBIN.

J'en serais ravie. Mais si vous attendiez ces Dames...

L'ABBÉ.

Ah! des oreilles du Marais...

M.me ROBIN.

C'est qu'il faut que je finisse ma toilette. Madelon, ôtez-moi ce peignoir.

L'ABBÉ.

Taille divine! Une nymphe.

Air : *C'est à mon maître en l'art de plaire.*

Ah! quand on est aussi jolie,
Pourquoi donc se charger d'atours;
Vous parer est une folie,
Qui doit faire fuir les Amours.
Votre costume est une faute,
Comme a dit un auteur galant;
Chaque voile que l'on vous ôte
Est un attrait que l'on vous rend.

M.me ROBIN.

Donnez-moi ce bouquet.

MADELON.

Le v'là, Madame.

Mme ROBIN.

Attachez-le.

MADELON.

Oui, Madame.

(*Elle le pose gauchement*).

L'ABBÉ.

Ah! ah! fi. Est-ce ainsi qu'on place des fleurs.

(*Il les place*).

Air : *Bouton de rose.*

Bouquet de roses,
A ce corset doit être mis;
Ce sont des fleurs à peine écloses,
Et l'on doit placer près des lys
Bouquet de roses.

C'est à merveille... Eh bien, est-ce que vous ne placez pas là une petite mouche?

M.me ROBIN.

Pourquoi?

L'ABBÉ.

Ah bon Dieu, la mouche assassine est de rigueur. Allons, allons, il faut vous débourgeoiser un peu. (*il tire une boîte*) Voilà ma boîte à mouches, je vais vous en placer une. (*Il la lui place*).

SCÈNE XII.

Les Mêmes, MADELON, M. et Madame LACHEVROTIÈRE, Madame et Mademoiselle RINQUART. *Tous des bouquets à la main.*

MADELON.

Madame, v'là tous vos parens avec leurs bouquets.

M.me ROBIN.

Qu'ils entrent.

L'ABBÉ.

D'honneur, ce sera une comédie. Je ne suis pas fâché de l'aventure.

TOUS.

Air : *Accourez au signal joyeux.*

Chacun son bouquet à la main,
Vient ici fêter le cousin;
Et de bon cœur se mettre en train,
Pour notre cher Robin.

LACHEVROTIÈRE.

C'est moi qui de ces bouquets
Ai tout seul fait les frais;
Je les assortis toujours,
J'ai là barbeau, jonquille, oreille d'ours.

TOUS.

Chacun, etc.

M.me LACHEVROTIÈRE.

Permettez qu'on vous embrasse, ma cousine.

M.me ROBIN.

Avec plaisir, ma cousine?

M.me RINQUART.

Et moi, ma cousine.

M.me ROBIN.

Votre servante, ma cousine.

M.me RINQUART.

Eh bien, Scholastique, embrassez donc votre tante.

SCHOLASTIQUE *timidement.*

Bonjour, ma tante.

M.me ROBIN.

Bonjour, ma petite nièce.

LACHEVROTIÈRE.

Je me suis réservé pour le dernier! aux derniers les bons. Hé! hé! n'est-ce pas belle cousine. Elle est réellement radieuse.

L'Abbé, pendant cette scène, les a lorgnés, dans un coin.

M.me ROBIN.

Permettez, mes chers parens, que je vous présente M. l'abbé Coquet.

TOUS.

Monsieur!

(*On fait de belles révérences bien roides*).

L'ABBÉ.

Enchanté, Mesdames et Monsieur, de faire votre connaissance.

M.me Robin.

C'est toute la famille de mon mari, M. l'Abbé. Voici Madame Rinquart, veuve d'un greffier au Châtelet ; le plus honnête greffier !..

M.me Rinquart.

Hélas! le pauvre cher homme, voilà 25 ans qu'il est mort, et je ne puis me rappeler sa perte, sans verser des larmes. Il ne m'a laissé qu'un seul gage de nos chastes amours, ma fille Scholastique, qui me rappelle tous les traits de ce cher époux.

L'Abbé.

S'il avait cette figure, ce devait être un bien aimable greffier Mademoiselle Scholastique m'a l'air d'un démon d'esprit.

M.me Rinquart.

Faites donc la révérence, petite fille.

(*Elle fait la révérence, et se cache derrière sa mère*).

M.me Robin.

Voilà M. et Madame de Lachevrotière.

(*Ils saluent*).

L'Abbé.

Couple assorti miraculeusement.

M.me Robin.

M. de Lachevrotière a été trente ans procureur au parlement de Paris, et a vendu sa charge par délicatesse.

Lachevrotière.

Oui, le métier de procureur n'était réellement pas fait pour une ame comme la mienne.

L'Abbé.

Vous ne l'avez exercé que 30 ans.

LACHEVROTIÈRE.

Il faut bien faire quelque chose. Toute la famille était dans la robe! Moi, j'étais né pour les arts. Je joue à ravir du flageolet, et Madame de Lachevrotière est de la première force sur le thuorbe. Nous faisons ensemble des duos... Toute la rue se met aux fenêtres pour nous entendre. Etes-vous musicien, M. l'Abbé?

L'ABBÉ.

Un peu; et le thuorbe est ma passion!

LACHEVROTIÈRE.

Il faudra venir sans façon manger notre soupe le jeudi; nous avons le soir concert d'amateurs. Vous y entendrez un chantre de Saint-Gervais qui est la plus belle basse taille! Il chante des duos avec Mademoiselle Scholastique.

L'ABBÉ.

Ah Mademoiselle Scholastique est musicienne!

LACHEVROTIÈRE.

Parbleu, M. l'Abbé, puisque vous êtes musicien, donnez-nous donc quelque échantillon de vos talens.

L'ABBÉ *toussant.*

Oh! il m'est impossible de chanter aujourd'hui. L'humidité des temps a furieusement outragé ma voix, tout ce que je puis faire, c'est d'accompagner Madame Robin, qui voudra bien vous chanter cette romance de ma composition.

TOUS.

Ah! oui, oui, la romance de M. l'Abbé.

(*Madelon donne des siéges. On se place*).

L'ABBÉ.

Le *Zéphir et le Plaisir.* C'est un peu pastoral.

M.me RINQUART.

Je raffole du pastoral.

LACHEVROTIÈRE.

Ah le pastoral! je crois bien! Rien ne vaut le pastoral... Je suis, tel que vous me voyez, Gluckiste enragé! Aussi, je vous demande, si j'aime le pastoral!..

L'ABBÉ *prenant la guittare.*

Chut, je prélude.

M.me ROBIN.

Air *nouveau de M. Herdliska.*

Douce fille de Flore,
Rose attend pour éclore,
Le souffle du Zéphir;
Aussi fraîche, aussi belle,
Fillette attend comme elle
Le souffle du Plaisir.

Papillon la caresse,
Et voltigeant sans cesse,
Fuit avec le Zéphir.
Ainsi près d'une belle,
L'amant le plus fidelle
Fuit avec le Plaisir.

Avant qu'il ne te quitte,
Rose saisit donc vite
La saison du Zéphir.
Et toi, jeune bergère,
Pour aimer et pour plaire,
La saison du Plaisir.

LACHEVROTIÈRE.

Bravo, bravo, c'est charmant! Les paroles sont du Gentil Bernard tout pur, et l'air sent son Gluck une lieue à la ronde.

L'ABBÉ.

Ah ça, n'aurons-nous pas le plaisir d'entendre Mademoiselle Scholastique.

SCHOLASTIQUE.

Monsieur, je ne sais que des duos.

L'Abbé.

C'est toujours fort agréable. M. de Lachevrotière ne pourrait-il pas faire la partie du chantre de Saint Gervais?

SCÈNE XIII.

Les Mêmes, Madelon.

Madelon.

Voilà M. Robin qui rentre.

M.me Robin.

Ah! mes chers parens, pour que sa surprise soit plus complète, passez dans cette chambre, je vous avertirai du moment de paraître.

Air : *La Signora malade.*

M. Robin s'avance,
Sortez bien doucement,
Passez tous en silence
Dans cet appartement.

Je vais préparer mes bouquets.

L'Abbé.

Je vais préparer mes couplets.
(*A part*). Ah de cette aventure
Je rirai je le jure;
On la saura demain
Au faubourg Saint Germain.

Tous.

M. Robin s'avance,
Sortons bien doucement;
Passons tous en silence
Dans cet appartement.

SCÈNE XIV.

ROBIN *en robe du palais, et bonnet carré.*

Enfin, me voici de retour. Le terrible état que le mien, quand on a une femme jeune, jolie, innocente... Il y a tant de séducteurs! Des marquis, des Robins, des abbés; les abbés surtout, sous prétexte qu'ils sont sans conséquence, se glissent partout, et Dieu sait ce qui en résulte. Heureusement que j'y mets bon ordre. Il n'en entrera jamais ici, et ma petite femme sera toujours fidèle à son devoir.

SCÈNE XV.

ROBIN, M.me ROBIN.

ROBIN.

Ah la voici... Oh! oh! quelle toilette; que de goût, de prétention même. Eh bien, mon chou, Madelon n'est donc pas si maladroite que tu croyais; comment donc, mais te voilà mise comme un petit Ange.

M.me ROBIN.

Vous trouvez, Monsieur. Cela vous plaît-il?

ROBIN.

Ne prends pas trop le goût de la coquetterie. Tu ne t'es pas ennuyée pendant mon absence?

M.me ROBIN.

Vous y aviez pourvu, Monsieur. On a trouvé cet abbé Coquet, et il n'a pas peu contribué à égayer ma matinée.

ROBIN.

Ah! l'abbé Coquet est trouvé. Quel honneur cela va me faire auprès de M. le marquis de Barjolac!

M.me Robin.

C'est votre clerc qui est venu m'en prévenir.

Robin.

Ce petit drôle n'est donc pas si maladroit! Eh bien, qu'en penses-tu?

M.me Robin.

Il est charmant!

Robin.

Son style?

M.me Robin

Du bon ton.

Robin.

Il est décent, n'est-ce pas?

M.me Robin.

Oui; mais fort galant.

Robin.

Galant! On le disait satyrique!

M.me Robin.

Pas pour les femmes, toujours.

Robin.

Non? Mais il dit du mal des sociétés les plus distinguées.

M.me Robin.

Au contraire, il parle des marquises et des comtesses d'une façon très-agréable.

Robin.

Alors, on aura donc fait à M. le Marquis de faux rapports! Ah je le désabuserai. Tu es bien sûre de ce que tu dis?

M.me Robin.

Très-sûre. Je m'y connais.

ROBIN.

Et il est galant...

M.me ROBIN.

Vous en jugerez vous-même. Il m'a été d'un très-grand secours pour ma toilette.

ROBIN.

Ah il parle de parures!

M.me ROBIN.

A merveille. Que dites-vous de cette mouche?

ROBIN.

Il apprend à placer les mouches!

M.me ROBIN.

Et les bouquets! Voyez.

ROBIN.

C'est l'abbé Coquet qui t'a appris à mettre ton bouquet comme cela.

M.me ROBIN.

Voilà ses propres paroles.

Air : *Bouton de rose.*

Bouquet de roses,
A ce corset doit être mis;
Ce sont des fleurs à peine écloses,
Et l'on doit placer près des lys
Bouquet de roses.

ROBIN.

Ah c'est qu'il y a des couplets dans ce pamphlet?

M.me ROBIN.

Des couplets! Je crois bien; il les fait à merveille, et la musique aussi.

ROBIN.

Il fait de la musique! Ah ça mais de qui parles-tu?

M.me ROBIN.

De l'Abbé Coquet.

ROBIN.

C'est son titre?

M.me Robin.

C'est son nom.

Robin.

Que Diable veut-elle dire! Ma bonne, où est-il?

M.me Robin.

Dans ma chambre.

Robin.

Il est dans ta chambre?

M.me Robin.

Oui, sur le canapé!

Robin.

Apporte-le moi... que je le voie.

M.me Robin.

Volontiers. (*elle ouvre la porte*) M. l'Abbé.

Robin.

Elle l'appelle! Mais il faut que ce pamphlet lui ait tourné la tête. Ah! j'ai eu tort de le lui laisser entre les mains.. Dieux! que vois-je, un abbé véritable! un abbé chez moi!

SCÈNE XVI.

Robin, L'Abbé.

Robin.

Approchez, M. l'Abbé, approchez.

L'Abbé.

Dites donc, Monsieur, c'est vous qui êtes le procureur Robin?

Robin.

Dites-moi d'abord comment vous vous trouvez ici?

L'Abbé.

Je m'y trouve à merveille.

ROBIN.

Monsieur, ce n'est pas le moment de plaisanter; pourquoi vous trouvez-vous chez moi?

L'ABBÉ.

Ah ça, voyons, expliquons-nous, M. Robin. Comment se fait-il que lorsque je viens ici pour une affaire, je me trouve tout-à-coup transporté dans la chambre d'une jolie femme.

ROBIN.

M. l'Abbé.

L'ABBÉ.

Air : *Vous m'ordonnez de la brûler.*

Vrai, je m'y connais et d'honneur
Je la trouve charmante;
Elle a le regard enchanteur,
La figure piquante.
Quant à moi, du premier abord,
Elle a charmé mon ame;
Et je ne lui connais qu'un tort,
C'est d'etre votre femme.

ROBIN.

Monsieur, je veux savoir ce qui s'est passé entre vous et mon épouse.

L'ABBÉ.

Comment, de la jalousie M. Robin, de la jalousie; oh! fi donc, fi donc; défaites-vous de ça, ça vous ferait du tort, beaucoup de tort.

ROBIN.

Taisez-vous, Monsieur, et répondez-moi ; que s'est-il passé?

L'ABBÉ.

Allons, Monsieur, je vais vous satisfaire. J'arrive chez vous ce matin pour une affaire particulière, un petit imbécille, qui m'a dit vous représenter...

ROBIN.

Qui me représente en effet. Mais qu'avez-vous fait auprès de Madame Robin?

L'ABBÉ.

Air : *Eh mais oui da.*

J'ai, puisqu'on m'interpelle,
Déjeûné sans façon ;
Et j'ai trouvé près d'elle
Le chocolat fort bon.

ROBIN.

Vous avez déjeûné avec ma femme !

L'ABBÉ.

Eh mais oui da,
Est-ce qu'on peut trouver du mal à ça.

Ensuite à sa toilette,
Ajustant son corset,
J'ai d'une main discrette
Arrangé son bouquet.

ROBIN.

Arrangé son bouquet !

L'ABBÉ.

Eh mais oui da, etc.

Elle a ravi mon ame
Par ses divins attraits ;
Puis pour moi votre femme
A chanté trois couplets.

ROBIN.

Chanté trois couplets. Je suis mort.

L'ABBÉ.

Eh mais oui da, etc.

ROBIN.

Air : *Où courez-vous M. l'Abbé.*

Achevez donc, M. l'Abbé.
Ah bon Dieu je suis bien tombé !

L'ABBÉ.

Eh mais vous voulez rire,

ROBIN.

Eh bien ?

L'ABBÉ.

Que faut-il donc vous dire ?

ROBIN.

Vous m'entendez-bien.

ROBIN.

Ah ! c'est trop fort. (*il appelle*) Griffonet, le Guet à pied, le Guet à cheval !

SCÈNE XVII.

Tous les acteurs, excepté Brochure. Ils arrivent dans l'ordre suivant, chacun un bouquet à la main. M.me Robin, M. et Madame Lachevrotière, M.me Rinquart, Scholastique, Griffonet et Madelon.

CHOEUR.

Air : *Accourez au signal joyeux.*

Chacun son bouquet à la main
Vient ici fêter le cousin,
Et de bon cœur se met en train
Pour notre cher Robin.

ROBIN.

Petit drôle! quel est cet Abbé que tu as introduit auprès de ma femme?

GRIFFONET.

Je ne l'ai introduit que par votre ordre.

LACHEVROTIÈRE.

Cousin, vous recevez bien mal une fête!.. que le cœur...

ROBIN.

Que me chantez-vous avec votre chœur!

L'ABBÉ.

Allons, allons, calmez-vous. Il y a ici un quiproquo.

GRIFFONET.

Mais non, il n'y a pas de quiproquo. N'êtes-vous pas l'abbé Coquet?

L'ABBÉ.

Sûrement. Je suis assez connu.

ROBIN.

L'abbé Coquet?

L'ABBÉ.

C'est mon nom.

M.me ROBIN.

Que vous ai-je dit, Monsieur!

GRIFFONET.

Ne m'avez-vous pas ordonné de présenter à Madame..

ROBIN.

Le pamphlet, Monsieur, le pamphlet.

SCÈNE XVIII.

Les Mêmes, BROCHURE.

BROCHURE, *tenant un livre.*

Le voici! le voici!

ROBIN.

Qui, quoi, qu'est-ce?

BROCHURE.

L'abbé Coquet.

ROBIN.

Encore un abbé Coquet!

BROCHURE.

In-octavo!

ROBIN.

Eh! voilà le bon, imbécille!

GRIFFONET.

Eh bien, dame, expliquez-vous donc; vous dites un pamphlet, et c'est un in-octavo!..

L'ABBÉ.

M. Robin, vous en avez été quitte pour la peur. Rendez grâce au Ciel de ce que votre clerc n'a pas pris un mousquetaire pour un pamphlet.

M.me ROBIN.

Allons, allons, mon ami, faites vos excuses à Monsieur.

ROBIN.

Comment, des excuses!

LACHEVROTIÈRE.

Cela se doit, cher cousin.

L'ABBÉ.

Je vous en dispense, M. Robin; mais j'espère que cette aventure me procurera l'avantage de cultiver la connaissance de Madame Robin. Je reste à dîner avec vous, et je vous expliquerai l'affaire qui m'amenait ici.

GRIFFONET.

Oui, M. Robin... Je m'en charge.

L'ABBÉ.

Non, non, mon ami, vous pourriez faire une autre fois un Quiproquo qui ne serait pas aussi agréable pour moi que celui d'à présent.

VAUDEVILLE.

Air *nouveau de M. Herdlizka.*

BROCHURE.

N'imprimant que de gros ouvrages
De cinq, six, sept, huit, neuf cents pages,
Qu'en bons écus il vend au poids,
C'est le libraire d'autrefois.
Mais n'imprimant que des bluettes,
Almanachs, couplets et sornettes,
Qu'en billets il paye aisément,
C'est le libraire d'à présent.

GRIFFONET.

Faisant payer cher ses services,
S'enrichissant par les épices,
Mettant le plaideur aux abois,
C'est le procureur d'autrefois.
Mais contraint par le nouveau code
De quitter l'ancienne méthode,
A contre cœur accommodant,
C'est le procureur d'à présent.

LACHEVROTIÈRE.

Croches sur croches entassées,
Points d'orgues, notes cadencées,
Thuorbes, clavecins, hautbois,
C'est la musique d'autrefois.
Du charme, de la mélodie,
Orchestre rempli d'harmonie;
Grâce à Grétry, toujours du chant,
C'est la musique d'à présent.

MADELON.

Nettoyant, balayant sans cesse,
Ne sortant qu'avec leur maîtresse,
Et traversant la hall' dix fois,
V'là les servantes d'autrefois.
Faisant leur compte avec aisance,
Du panier faisant danser l'anse;
Et gagnant leur dot lestement,
V'là les servantes d'à présent.

M.me RINQUART.

Des Céladons, malgré leurs flammes,
Toujours discrets auprès des dames;
Souvent heureux... en tapinois,
Voilà les amans d'autrefois.
Affichant les blondes, les brunes,
Publiant leurs bonnes fortunes,
Et n'en ayant que rarement,
Voilà les amans d'à présent.

ROBIN.

Dans des cors busqués, bien guindées,
De blanc et de rouge fardées,
Affectant un jargon bourgeois,
Voilà les femmes d'autrefois.
Par leurs seules grâces, jolies,
Par un art aimable, embellies,
A l'esprit, joignant l'enjouement,
Voilà les femmes d'à présent.

L'ABBÉ.

Sous les verroux et sous la grille,
Enfermant sa femme gentille,
Mettant les amours aux abois,
Voilà le mari d'autrefois.
Pour sa femme, toujours docile,
Et sur sa vertu bien tranquille,
Pour ses amis, très-confiant,
Voilà le mari d'à présent.

M.me ROBIN *au Public.*

Enclin à la critique amère,
Pour le misanthrope sévère,
Toujours debout, dictant ses lois,
C'est le parterre d'autrefois.
Mais pour un léger vaudeville,
Toujours content, souvent facile;
Bien assis et fort indulgent,
C'est le parterre d'à présent.

FIN.

www.ingramcontent.com/pod-product-compliance
Ingram Content Group UK Ltd.
Pitfield, Milton Keynes, MK11 3LW, UK
UKHW021958260726
13994UKWH00004B/1832